LES DRÔLES DE SECRETS

du corps humain

Auteur et illustrateur :
Diarmuid Ó Catháin

Traduction :
Agnès Besson

Larousse Jeunesse

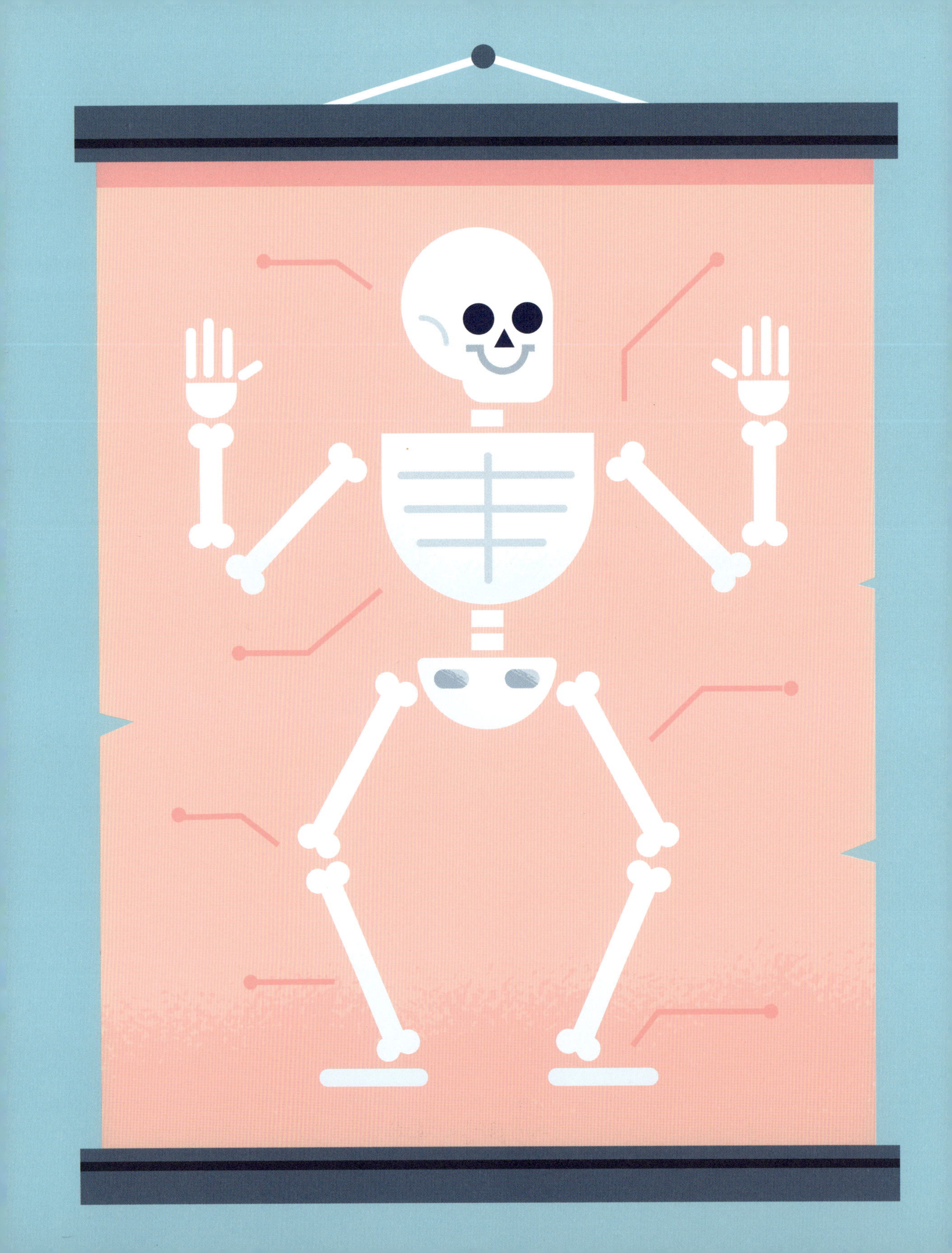

Veux-tu entendre les drôles de secrets du corps humain ?

Écoute bien !

C’est un drôle de secret

qui te fera sans doute rire…

les oreilles, toute la vie,
continuent de grandir !

C’est un drôle de secret amusant à savoir…

tu es un peu plus grand le matin que le soir !

C’est un drôle de secret

que tu n’es pas près d’oublier…

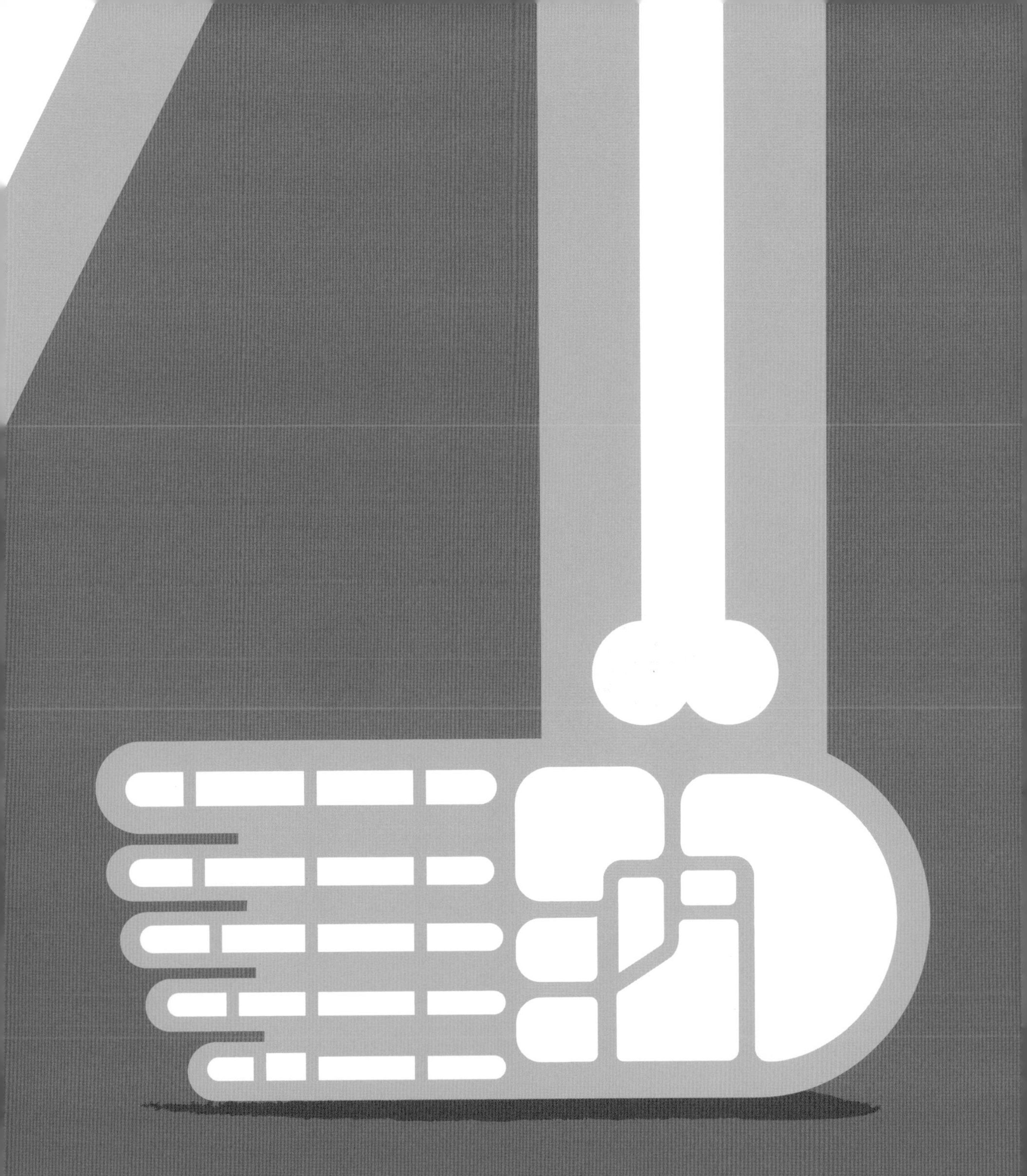

un quart des os de ton corps se trouvent dans tes pieds !

C’est un drôle de secret qui ne risque pas de changer…

tu perds jusqu'à cent cheveux
au cours d'une journée !

C’est un drôle de secret qu’on oublie bien souvent…

un enfant nouveau-né voit tout en noir et blanc !

C'est un drôle de secret qui va te faire danser…

ton cœur, dans ta poitrine,

bat comme un tambour régulier.

C'est un drôle de secret que tu peux vérifier…

se chatouiller soi-même ne fait pas rigoler !

C'est un drôle de secret à retenir pour toujours...

l’ADN de ton corps est long jusqu’à Pluton, aller-retour !

C'est un drôle de secret franchement étonnant…

avec ses dix-sept muscles, ta langue
est un organe super puissant !

C’est un drôle de secret,

gare aux éclaboussures…

un éternuement
projette des gouttelettes à l’allure d’une voiture !

C'est un drôle de secret,

tu peux toujours te tortiller…

peu de chance que tu sois assez souple

pour lécher ton coude replié !

C’est un drôle de secret

qu’endormi sur tes deux oreilles…

tu fais en moyenne quatre rêves pendant ton sommeil !

C’est un drôle de secret qu’on ne peut pas vraiment expliquer…

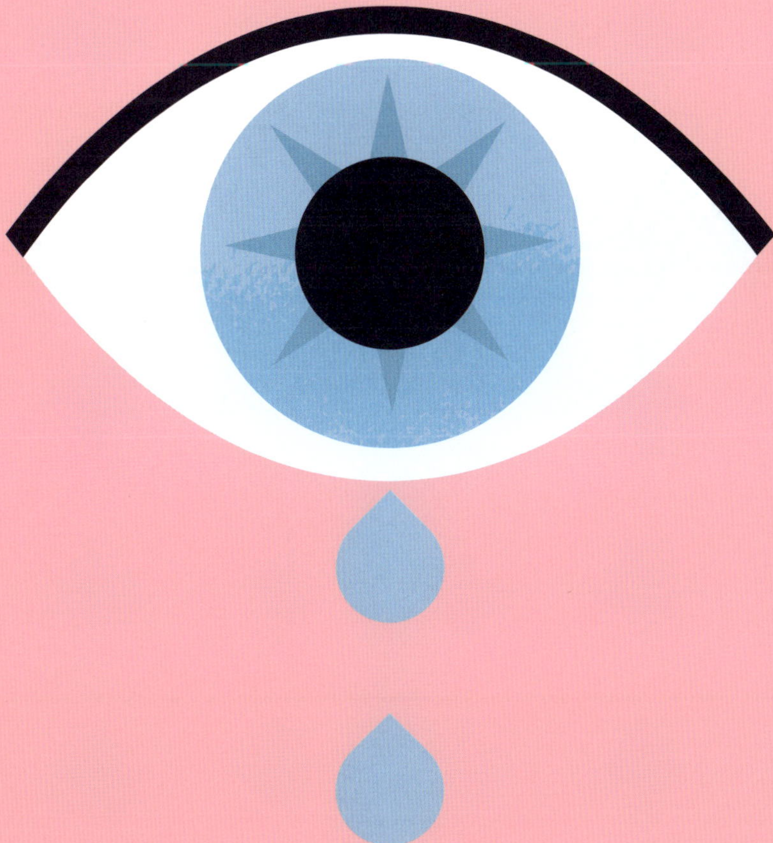

les humains semblent les seuls animaux
capables de pleurer !

C'est un drôle de secret qu'après avoir mangé…

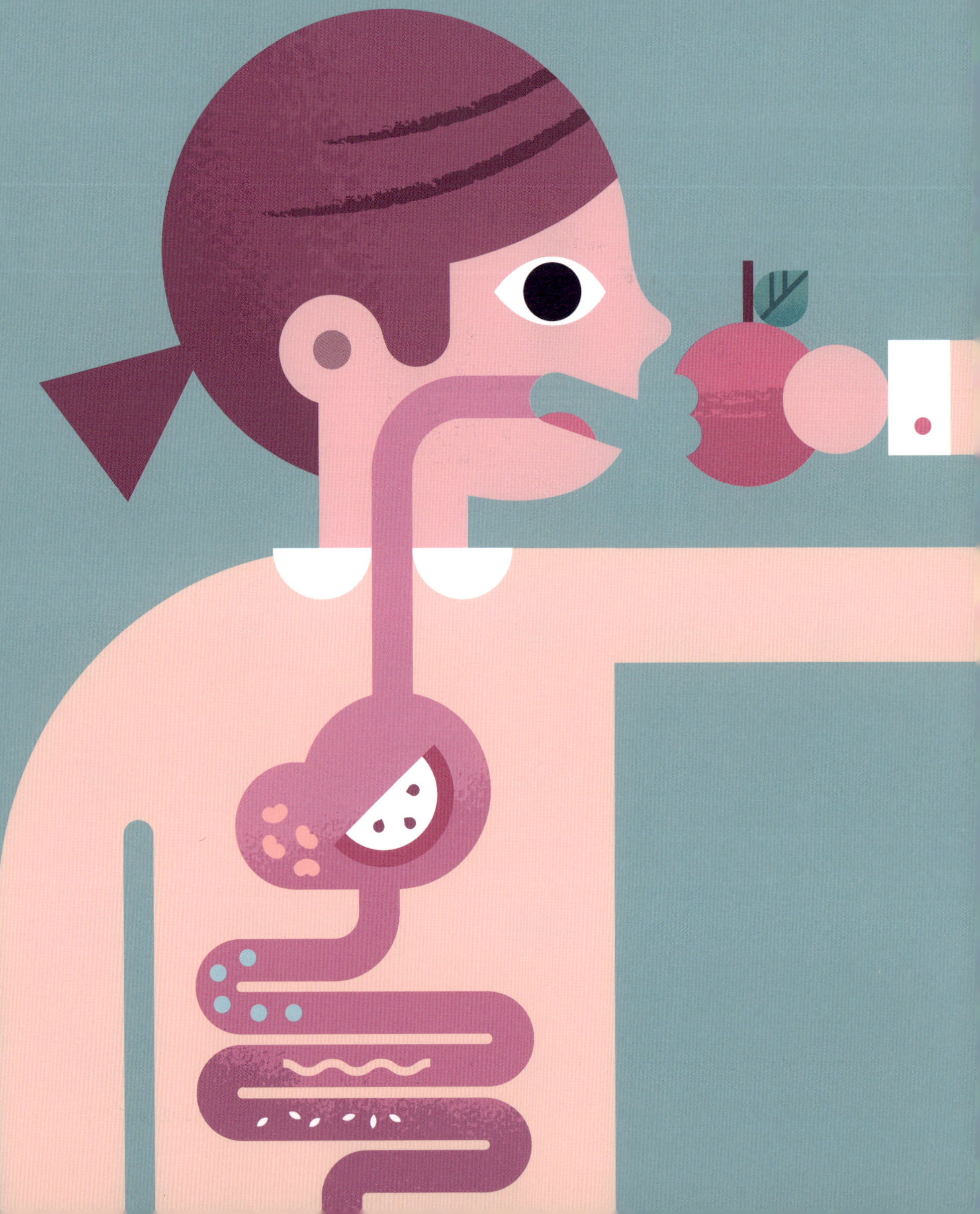

ton corps a besoin de vingt-quatre heures pour bien digérer !

C’est un drôle de secret,

une info insolite…

c’est l’ongle de ton majeur qui pousse le plus vite !

C’est un drôle de secret invisible du dehors…

l'eau constitue la part la plus importante de ton corps !

C'est un drôle de secret que tu peux facilement tester…

il est difficile de fredonner
en se bouchant le nez !

C’est un drôle de secret à garder
en mémoire…
ton cerveau peut contenir
des centaines de savoirs !

A
BCD
EFGHI
JKLMNOP

Édition originale
Little Known Facts : Human Bodies

Maquette et édition : Viction Workshop Ltd.

Édition française
Direction de la publication : Sophie Chanourdie
Édition : Marie-Claude Avignon
Responsable artistique : Mélissa Chalot
Mise en pages : Sylvie Fécamp
Fabrication : Rebecca Dubois

21, rue du Montparnasse – 75006 Paris

ISBN : 978-2-03-604457-9

Photogravure : Irilys
Imprimé par PPO GRAPHIC
Dépôt légal : février 2024
332577-01 / 11051695 - janvier 2024

PAPIER CERTIFIÉ

LAROUSSE s'engage pour l'environnement en réduisant l'empreinte carbone de ses livres. Celle de cet exemplaire est de :
450 g éq. CO_2
Rendez-vous sur www.larousse-durable.fr